AF178620

CLARA LOUISE

Zurück zum alten Kirschbaum

Gedichtband

Mit Zeichnungen der Autorin

Vorwort

Wenn ich an meine Kindheit denke, dann sehe ich ihn oft vor mir, den blühenden Garten meiner Großeltern. Dort wuchsen Beeren, Kräuter, Blumen und in der Mitte stand ein großer Kirschbaum. Ich kann diese Erinnerung so nah zu mir zurückholen, dass es sich anfühlt, als wäre ich noch dort. Als wären wir noch Kinder, als wären Oma und Opa noch da, als wäre die Zeit nicht vergangen. Ich bin dankbar für diese Momente, diese lebendigen Erinnerungen, für diese Wärme in meinem Herzen, die mich über jegliche Trauer hinwegtröstet.

Ich bin so schnell erwachsen geworden. Zumindest von außen. Ich war schon sehr früh sehr weit. In den letzten Monaten habe ich sehr viel von dem Kind in mir wiederentdeckt und das war für mich von großer Bedeutung. Es hat mich weicher gemacht, mir die Möglichkeit gegeben, die Welt wieder facettenreicher zu erleben, mehr Freude zu verspüren an den kleinen Dingen. Es hat mir Last von den Schultern genommen, doch auch viel in mir bewegt. Als eher zukunftsorientierter Mensch war es für mich oft eigenartig, so viel in der Vergangenheit zu graben.

Um herauszufinden, warum man so ist, wie man ist, warum man so lebt, wie man lebt, muss man vielleicht auch manchmal Rätsel entschlüsseln und das habe ich getan. Ich habe komplett frei Tagebuch geführt und hoffe, dass du dich in einigen Zeilen wiederfindest, denn ich weiß, dass wir alle so viel miteinander teilen, worüber wir nicht sprechen. Wir alle haben so viele unausgesprochene Gedanken und Gefühle in uns, die uns manchmal fühlen lassen, als wären wir fremd in dieser Welt. Doch das sind wir nicht. Versprochen.

Die folgenden Gedichte stammen aus meiner Seele, aus meinem tiefsten Herzen. Sie sind ein Teil von mir, haben mir geholfen und Erkenntnisse gebracht. Persönliche Geschichten und Ansichten mit der Welt zu teilen, war das Mutigste, das ich je getan habe, und es hat mir nur Glück gebracht. Deshalb möchte ich dich dazu motivieren, dich voll und ganz auf die Reise zu dir selbst aufzumachen, der Welt zu zeigen, wer du wirklich bist, deine Ängste zu überwinden und dir somit Stück für Stück Freiheit zu erobern. Du hast es verdient, denn du bist ein einzigartiger Mensch, der es verdient hat, ein Leben zu leben, das dich erfüllt.

Clara Louise

1. Auflage
© 2019 Loud Media and Awareness GmbH,
Imbergstr. 31c, 5020 Salzburg, Österreich
Umschlaggestaltung: Clara Louise, Nilla Bogensperger
Lektorat: Alexandra Andernach
Satz und Layout: Clara Louise, Alexander Tiefenbacher
Druck und Bindung: Friedrich Pustet GmbH & Co. KG,
Gutenbergstraße 8, D-93051 Regensburg, Deutschland
Bestellung und Vertrieb: Nova MD GmbH,
Raiffeisenstraße 4, D-83339 Vachendorf, Deutschland
ISBN 978-3-96443-432-6

www.claralouise.de
www.loud.at

„Als ich begann, nicht mehr so hart zu mir selbst zu sein,
wurde auch der Rest der Welt sanfter."

Inhalt

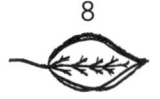

WANN?

Ich wünsche mir einen Tag,
an dem ich aufwache,
wann ich möchte,
der Welt mit einem Lächeln begegne,
keine Uhrzeit wahrnehme,
die Sonne für mich scheint,
selbst wenn es regnet,
Musik durch meinen Körper fließt
und mich zum Tanzen verführt,
ich nur das tu,
was mich zusätzlich mit Glück erfüllt,
ich das echte Leben spüre
und das Leben auch wirklich zulasse,
ohne jeglichen Balast auf meinen Schultern,
der am Ende des Tages nicht einmal von Bedeutung ist.

Wann wache ich auf und begreife,
dass dies mein letzter Morgen sein könnte?

Wann lasse ich los und beginne frei zu sein?

Wann fange ich an zu leben?

ALS WIR UNS TRAFEN

Als ich dich einmal sah,
da wurde mir klar,
dies ist der Moment,
den man Liebe nennt.

Die Kraft in deinen Augen,
die Wärme deiner Hand,
ich konnte es kaum glauben,
so etwas war mir nicht bekannt.

Als ich dich zweimal sah,
war alles wunderbar,
wir brauchten keine Worte,
erkannten gleich die Sorte.

Der Klang deiner Stimme,
die Art deiner Bewegung,
wenn ich mich richtig entsinne,
eine magische Begegnung.

ASTRONAUTIN IM TRAUM

Mit einem Rucksack auf meinen Schultern
wandere ich durch die Galaxis,
mit einem Stock in meiner Hand
und einem Hut auf meinem Kopf.

Ihr könnt mich sehen
von da unten
und auch von oben,
wie ich tanze,
neben den Sternen,
auf meinen eigenen Bahnen.

Schon immer habe ich mich hierher geträumt
und die Reise gelang mir auch ohne Raumschiff.

Es ist meine Welt,
so unendlich groß,
ich will sie nicht besitzen,
doch ich bin gerne alleine hier.

Es ist mein Herz,
das aus feinem Sternenstaub besteht,
und mein ganzer Körper fühlt sich ultraleicht an,
während ich schwebe.

Hier gibt es keine physischen Gesetze,
von denen ich nichts verstehe,
und nur der Mond ist da,
um mir zu zeigen,
dass es mehr als nur
einen Weg für mich gibt.

Manchmal fühlt es sich so an,
als wäre ich zu schwach
für diese Welt...

DAS INNERE KIND

Ich kann es nicht,
die Kontrolle übernehmen
über meine Gedanken,
mein Herz
und der Kampf,
der zerrt mich nur weiter
zu Boden.

Also höre ich auf
und fange an.
Ich höre auf zu kämpfen
und beginne,
mich treiben zu lassen,
zu fließen,
in diese Welt,
in die ich gehöre,
ohne Angst,
ohne Zweifel,
blindäugig
und mit viel Vertrauen.

Jegliche Illusion nach Perfektion
lasse ich hinter mir
und fühle mich wesentlich leichter,
körperlich und auch mental,
meine Träume haben plötzlich Platz,
fliegen wie Schmetterlinge
durch meinen Geist.

DIE GESCHICHTE VON DER LEITER

Die Angst war mein jahrelanger Begleiter,
also stieg ich nicht mehr weiter auf meiner Leiter,
blieb einfach in der Mitte stehen,
um immer öfter nach unten zu sehen.

Der Blick nach oben war mir verwehrt,
viel zu lange hat sich mein Herz danach verzehrt,
den Ausblick von oben zu genießen,
dabei vor Freude Tränen zu vergießen.

In dieser Mitte fand ich meinen Platz,
lange ersparte ich mir diesen Satz,
schließlich wollte ich niemanden enttäuschen,
als Opfer mich lieber weiterhin selbst täuschen.

Irgendwann stieg ein Rauch von unten auf,
doch noch stand ich auf der Leiter drauf,
bis mir irgendwann die Luft wegblieb
und ich mit letzter Kraft nach oben stieg.

Nun bin ich oben angelangt,
war erstaunt, du hieltest meine Hand,
noch näher war ich dir verbunden,
hatte meine Angst endlich überwunden.

Höre ich mir meine Geschichte selbst mal an,
beginne ich meistens zu lachen dann,
manchmal muss ich auch weinen,
doch das zeige ich meist keinem.

Es ist nach wie vor wacklig von hier oben,
meine Ansichten haben sich auch immer mehr verschoben,
nun sehe ich die Welt so, wie auch du sie siehst,
und verstehe endlich, warum ihr sie alle liebt.

KAMPF

Es ist zu viel,
doch ich kann es nicht loslassen,
denn es lastet auf meinen Schultern,
und ohne Bewegung,
werde ich einstürzen.

Ich ziehe in einen Kampf,
dort verweile ich schon lange,
manchmal scheint es zu enden,
doch das ist bislang nur eine Illusion.

Ich bin noch immer mein Feind,
wie kann ich dies nur ändern?

Ich brauche Frieden,
neue Kraft,
einen Lichtblick.

DER MENSCH, WIE ER BESITZT

Wie arrogant der Mensch doch ist,
zu glauben,
ihm würde eine Welt gehören,
die er nicht erschaffen hat.

Wie blindäugig der Mensch doch ist,
zu glauben,
ihm würde ein Land gehören,
in welchem er ohne jegliche
Eigenverantwortung geboren wurde.

Wie brutal der Mensch doch ist,
zu glauben,
ihm würde ein anderer Mensch gehören,
nur weil er sich selbst verloren hat.

ERDANZIEHUNGSKRAFT

Weg,
weit weg,
liegt verborgen,
doch sichtbar,
ein Universum,
welches über mir schwebt,
mich nach unten drückt,
nicht loslässt.

Es drückt mich fest in den Boden
und nun werde ich immer mehr
eins mit den Wurzeln der Bäume.

Die Sterne erinnern mich,
blinken im Zeichen der Hoffnung,
mit jeder Sternschnuppe
verschwindet etwas mehr davon.

Ich kenne diese Erde nicht,
seitdem die Wolken dicht über mir stehen,
habe ich die Orientierung verloren.

Schon als Kind war ich fasziniert
von jenem funkelnden Horizont,
einer Welt,
die für immer unerreichbar bleibt,
nicht zu begreifen ist.

Ich hätte wirklich nie gedacht,
dass sie mir eines Tages
den Sauerstoff raubt.

NEBENWIRKUNGEN

Vor ein paar Tagen,
da habe ich angefangen,
meine Brust zu öffnen
und zum ersten Mal mein Herz gesehen.

Ich habe den Rauch meines Atems
an der kalten Oberfläche betrachtet
und den Schmerz zugelassen,
an dem ich fast erstickt wäre.

Es sind die Nebenwirkungen,
die ich jetzt überwinden muss.
Wissen, dass ich auf einer Reise bin,
an deren Ziel ich frei sein werde
von all dem Schmutz,
der mich plagt.

KOMPENSIEREN

Ich würde ja gerne damit aufhören
zu kompensieren,
doch immer dann kommt dieser
bittere Schmerz
und ich frage mich nun ständig,
ist das wirklich besser für mein Herz?

Eines kann ich mit Gewissheit sagen:
Sobald ich mich zur Ruhe bringe,
bricht das reine Chaos aus,
und alles, was ich dann denken kann,
ist, wie komm' ich da bitte schnell
wieder raus?

Dann fange ich wieder an zu tüfteln,
solange bis die Qual mich erlöst,
ich mich im Rausch selbst verlier',
sich nichts mehr vor mir entblößt.

NIE ZU SPÄT

Vielleicht ist es wahr:
Es ist nie zu spät,
um zu begreifen,
dass dieses Leben
mir gehört.

Dass ich mein eigener Chef bin,
entscheide,
wo ein Weg beginnt,
wie ich ihn bestreite,
ob ich ihn bestreite
und wann ich ankomme.

Vielleicht ist es wahr:
Jeder Tag ist ein Neuanfang.
Einmal ist der Mut so groß
aus alten Systemen auszusteigen,
Muster zu verändern,
ein Gefühl von Freiheit zu riskieren.

Ich könnte das Fenster öffnen,
einfach spüren,
was diese frische Luft mit mir macht
und darauf vertrauen,
dass ich einen Platz finde
da draußen.

Vielleicht ist es wahr:
Ich finde einen Weg,
aus dieser Glaskugel
auszusteigen,
und dabei das Überleben
gegen das echte Leben einzutauschen.

VON HERZEN

Danke,
doch ich kann es nicht gebrauchen,
wenn es nicht von Herzen kommt.

Es spielt keine Rolle,
wie sehr dein Kopf dir dazu rät,
mich in den Arm zu nehmen,
oder etwas Nettes zu mir zu sagen,
wenn es nur eine Rolle ist,
die du spielst, vielleicht aus Mitleid,
vielleicht auch aus Ahnungslosigkeit.

Es tut mir fast weh,
diese unausgesprochenen Zeilen
zu hören und zugleich zu wissen,
dass du sie wohl niemals aussprechen wirst.
Vielleicht aus Scham,
vielleicht auch aus falschem Anstand.

Danke,
doch es zerbricht mich mehr,
als dass es mich heilt,
wenn es nicht von Herzen kommt.

NUANCEN

Ich bin nicht das,
was ich fühle.
Diese Emotionen,
- ob Freude oder Schmerz -
sind die Nuancen eines
unendlich weiten Farbenmeeres.

Meine Seele gleicht einer Leinwand,
leicht und lichtdurchlässig.
Ein Bild entsteht mit den Jahren,
den verschiedenen Pinselzügen
einzelner Geschichten.

Ich bin kein Maler,
noch bin ich sonst irgendwer,
als nur ein einfacher Mensch
in diesem Moment.

UMGEDREHTE WELT

Was bedeutet es für unsere Welt,
dass jeder auf den anderen zählt,
sich kaum noch jemand selbst Gedanken macht
oder gar die eigene Moral überwacht.

Wenn nur noch ein bestimmter Kreis überwiegt,
weil man in einen zu kleinen Spiegel sieht,
dabei so viele andere vergisst,
auf die man doch angewiesen ist.

Was passiert mit dieser Welt,
wenn unsere Gesellschaft das Ziel verfehlt,
weil sie in eine andere Richtung geht
und dort dann vor einer Mauer steht.

Wenn man sich dagegen verwehrt,
was die laute Geschichte einen lehrt,
weil man Augen und Herz verschließt,
dafür Gier und Hass vorschießt.

Was bedeutet es für unsere Welt,
wenn nur ein Einziger auf sich zählt,
sich selbst noch Gedanken macht
und stets seine Moral überwacht?

Wenn nicht nur ein bestimmter Kreis überwiegt,
weil man nicht ständig in den Spiegel sieht,
dabei auch alle anderen nicht vergisst,
auf die man angewiesen ist.

Was passiert mit dieser Welt,
wenn unsere Gesellschaft ein Ziel vor Augen behält,
gemeinsam in die richtige Richtung geht
und dann endlich für den Frieden steht.

Wenn sich niemand mehr verwehrt,
was die laute Geschichte einen lehrt,
weil man sich Augen und Herz zu öffnen traut
und auf Liebe und Hoffnung baut.

LEBENSHUNGER

Manchmal sitze ich da
und stelle mir vor,
einen jeden Ort wieder so wahrzunehmen,
wie ich es als Kind getan habe.

Ich fühle die Struktur des Holztisches,
erkenne Gesichter in den unterschiedlichen
Bewegungen des Materials,
rieche die frische Frühlingsblumenluft,
höre Menschen gemütlich über Kieselsteine spazieren.

Ich spüre die warmherzige Sonne,
wie sie liebevoll meine Nase kitzelt,
beginne innerlich zu kichern
und bin einfach überwältigt
von diesem Leben.

Es ist purer Lebenshunger,
der meine Seele durchflutet,
wenn ich für einen Moment lang
wieder Kind sein kann.

MEERWEH

Ich denke oft an das Meer.
Daran, wie es sich anfühlt,
den warmen Sand als Untergrund zu spüren,
wie wohltuend die Luft riecht,
die durch meine Haare weht,
mir sanft über mein Gesicht streichelt
und daran,
wie die Wellen klingen,
wenn sie ruhig,
aber bestimmt am Ufer stranden,
wie leicht ich wäre,
wenn ich nur dort wäre.

VOLLES HERZ

Wenn du jemanden liebst,
dann liebe mit vollem Herzen,
doch vergesse dich nicht selbst dabei.

Nur ein volles Herz
kann es sich leisten,
etwas von seiner Liebe
abzugeben.

SCHLECHTE TRÄUME

Neuerdings träume ich wieder schlecht.

Meine Gedanken sind auf Hochbetrieb,
ich fühle mich wie gelähmt
und gleichzeitig so,
als säße ich in einer Achterbahn,
in der ich nicht sitzen möchte,
die ich nicht mehr anhalten kann,
um auszusteigen,
also lasse ich es gezwungenermaßen zu,
bis ein Moment mich rausreißt,
mich mit rasendem Herzen
in die wahrhafte Nacht zurückholt
und ich ein wenig Luft schnappe,
ehe mein Gehirn weiterarbeiten kann,
um meine Seele zu heilen.

THEATER

Lass mir dir etwas schreiben,
das dich nicht verwirrt,
es soll ja positiv sein,
damit du nicht siehst,
wie es mich zerstört.

Auch wenn die Tränen nah sind,
möchte ich für dich lachen,
dir Witze erzählen
und all' diese irren Sachen,
nach denen mir eigentlich
nicht zu Mute ist,
doch ich tue es trotzdem,
weil du es bist.

Ich fürchte mich davor,
dir zu zeigen,
wie viele Risse diese Seele hat,
frage mich ständig,
wie du dann für mich empfindest,
doch so langsam habe ich es satt:

Dieses Spiel
in meinem eigenen Theater,
in dem ich eine Heldin spiele,
doch mich eigentlich fühle
wie ein Versager.

STERNENKIND

Mein Stern,
ich blicke auf zu dir
und bin beruhigt,
dich wiederzufinden
jede Nacht.

Wenn der Morgen kommt
und der Tag so grell leuchtet,
kann ich deine Anwesenheit nur erahnen
und warte so lange,
bis mir die Dunkelheit Gewissheit schenkt,
dass ich dich nicht ganz verloren habe,
es niemals werde,
weil du für immer über mir leuchtest,
bis ich eines Tages zu dir aufsteige
und wir wieder vollständig sind.

STILLER HAFEN

Ich finde keine Ruhe,
es ist so laut,
du kannst es nicht hören,
doch ich höre es genau.

Meine Kopfschmerzen sind der Beweis,
dass der Lärm mich quält,
doch da es niemand hören kann,
habe ich es niemandem erzählt.

Es ist ein Zustand,
den ich nicht bewältigen kann,
ich schalte das Licht aus,
doch es geht von selbst wieder an.

Ich finde keine Ruhe,
also versuche ich zu schlafen,
in der Hoffnung dann aufzuwachen,
an einem stillen Hafen.

SUCHE

Es ist alles da,
doch ich suche noch immer.
Ich weiß nicht wonach,
das macht es nur schlimmer.

Ich wünschte,
ich könnte dankbarer sein,
ich wünschte,
ich würde damit aufhören,
mir ständig zu wünschen,
irgendwie zu sein.

Ich belaste mich selbst,
das tut mir wirklich weh.
Ich würde lieber bleiben,
doch ich werde bald schon gehen.

Es ist alles da,
doch ich suche noch immer.
Es ist irgendwo da draußen
und ich bin in meinem Zimmer.

VERSTECKSPIEL

Nichts verschwindet,
nur weil du es ignoriert.
Selbst wenn du nicht hinsiehst,
weißt du, es ist da,
denn du kannst die Luft
in deinem Nacken spüren,
da es dich stets verfolgt
und je lauter du aufdrehst,
desto lauter wird es in dir.

Dreh dich um,
schau ihm in die Augen,
nimm es auf,
umarme es aus vollem Herzen,
denn nur wenn du es annimmst,
akzeptierst,
liebevoll damit umgehst,
wird es irgendwann bereit sein,
zu gehen.

ZWISCHEN LAUB UND BLÜTEN

Jeder Mensch ist
irgendwann nicht mehr der,
der er einmal war.

Es wäre auch tragisch,
stünde man ein Leben lang
auf derselben Stelle.

Um zu begreifen,
dass Veränderung unaufhaltbar ist,
muss man nur einmal rausgehen,
sich umschauen,
zwischen Laub und Blüten.

Möchtest du also bei mir bleiben
und ich bei dir,
sollten wir uns immer wieder
neu begegnen, erfahren,
wer wir diesmal sind,
lieben und auch verstehen,
dass wir nun wer anders sind,
als die Person,
die wir einmal trafen.

SAMMELN

Ich sammle jeden kleinen stärkenden Moment
wie Muscheln am Strand
als Erinnerung an gute Tage.

Wenn irgendwann der Winter zurückkehrt
und ich das Rauschen des Meeres vermisse,
mir die Leichtigkeit fehlt,
die Sonne nicht aufzugehen scheint,
dann halte ich einfach eine der Muscheln ans Ohr
und tanke wieder neue Kraft durch meine Erinnerungen
an jeden kleinen stärkenden Moment.

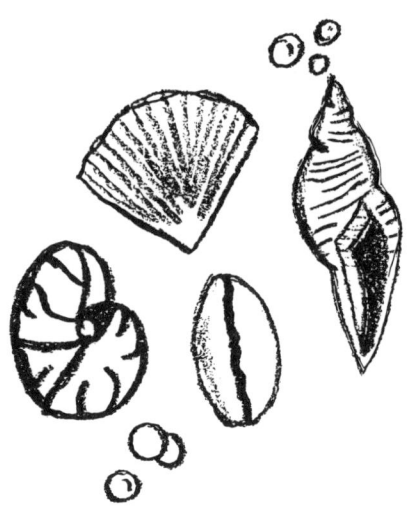

ÖFFNE DAS FENSTER

Das Leben ist viel mehr wert,
als du vielleicht gerade glaubst.

Öffne das Fenster vor dir
und schaue weit hinaus.

Atme tief ein und spüre,
was dann mit dir passiert.

Verloren ist nur der,
der den Blick für das Greifbare verliert.

PENSION

Lieber Schmerz, ich weiß,
du standest schon lange vor meiner Tür
und da ich dein Klopfen ignoriert habe,
bist du irgendwann still und leise eingebrochen,
hast dich ausgebreitet
und bist seitdem geblieben.

Ich habe das Licht in deinem Zimmer
brennen sehen und selbst wenn ich
zum Schlafen meine Augen verbunden habe,
war es mir noch zu hell.

Nun möchte ich nicht die Polizei alarmieren
und dich als Einbrecher melden,
sondern dulde dich als meinen Gast.

Mach es dir gemütlich,
doch nicht zu sehr,
denn du darfst nur für eine Weile bleiben.

Dies ist ein Urlaub,
nicht dein Zuhause.

Ich akzeptiere deine Anwesenheit,
bleib doch so lange,
wie du es für richtig hälst,
doch halte auch deine Koffer bereit,
wenn ich dir eines Tages sage,
dass dein Zimmer neu vergeben wird.

NULL

Meine Erinnerung ist stark,
mein Verstand ausreichend klug,
um zu wissen,
wann ich etwas essen muss,
auch wenn ich keinen Appetit mehr habe,
wen ich besuchen sollte,
obwohl ich niemanden sehen möchte,
wann ich mich vor Kälte schützen sollte,
obwohl ich keine Temperaturen mehr messe,
wie lange ich durchhalten muss,
bis ich wieder etwas empfinde.

OPA

Was ich so an dir mochte, Opa,
war, wie du mit offenem Hemd auf deiner Terrasse
in der Sonne gesessen hast,
das Leben genossen hast,
dich nichts aus der Ruhe bringen konnte.

Was ich so an dir mochte, Opa,
war, wie du deine Brille mit Zahnstochern geflickt hast,
damit du keine neue kaufen musstest,
wie dir all deine Hosen zu lang waren,
weil du äußerlich klein warst,
doch innen ein ganz großer Mensch.

Was ich so an dir mochte, Opa,
war, wie du Oma aufrichtig geliebt hast,
wie du sie in den Wahnsinn getrieben hast,
wenn du betrunken auf Feiern gesungen hast
und sie sich so sehr dafür schämte,
wie sehr du sie vermisst hast,
als sie gegangen ist,
dass du sie nie alleine gelassen hast,
auch wenn es sehr schwer war.

Was ich so an dir mochte, Opa,
war, wie herzhaft du über deine
und unsere Witze lachen konntest,
wie du weinen konntest,
wenn du traurig warst,
wie liebevoll du mich in den Arm genommen hast,
als wir uns das letzte Mal sahen,
als hättest du es gewusst,
oder auch nicht.

Was ich so an dir mochte, Opa,
war, dass ich mich in deiner Nähe immer wohl gefühlt habe,
dass ich fast täglich noch an dich denke
und dabei nur selten traurig bin,
weil das große Glück überwiegt,
dass du in meinem Leben warst
und diese Flut von Liebe meinen Schwermut
niemals siegen lassen würde,
weil du nicht nur mein Opa warst,
sondern auch mein Freund.

GEHEIMNIS

Du hast ein Geheimnis,
du möchtest es nicht verraten.

Es gibt viel zu erzählen,
doch du kannst es nicht sagen.

Was es wohl sein wird?
- Das frage ich mich.

Suche ich es in deinen Augen,
entfernt sich dein Blick von meinem Gesicht.

Es fühlt sich an wie ein Ozean,
der zwischen uns liegt.

Dies ist sicherlich kein Wettstreit,
doch ich frage mich trotzdem: Wer siegt?

Dein betäubendes Schweigen
oder dein längst überfälliger Mut?

Ich hoffe, du entscheidest bald,
denn so geht es mir nicht gut.

NACHTS

Nachts liege ich wach,
zähle die Punkte am Himmel,
lausche begeistert der lauten Stille,
spüre die Wärme des vollen Mondes.

Sternschnuppen tanzen vor meinem Fenster,
meine Augen leuchten wie die eines Kindes,
wenn die Wolken mit den vielen Lichtern spielen.

Eins nannte ich es Rastlosigkeit.

Nun kann ich sie genießen,
die Magie der Nacht.

MIT 26 IN FRANKFURT

Vielleicht bin ich schon in der Hälfte
meines Lebens angekommen,
vielleicht sogar schon weiter,
und erst jetzt lerne ich,
was ich selbst bedeute.

Du hast mir nicht verraten,
dass ich mir gehöre,
dass ich so, wie ich bin,
genau richtig bin,
dass es wichtig ist,
mutig zu sein,
nicht immer zu fliehen,
wenn es möglich ist,
zu sich selbst zu stehen.

Ich habe gelernt, das zu tun,
was andere von mir erwarten
und zu verdrängen,
wie ich mich dabei fühle.

Ich habe meine Stimme verloren,
wenn ich überhaupt je eine gehabt habe.

Meine Intuition ist nicht mehr existent.

Ich fange jetzt von vorne an,
denn ich denke,
dass es sich lohnt,
auch jetzt in späten Jahren
zu erfahren, wie es ist,
wenn man ein eigenes Leben führt,
als eigener Mensch
mit eigenem Verstand,
mit einem eigenen Mund,
mit eigenen Gefühlen,
mit einem stolzen Spiegelbild.

Trotz alledem möchte ich dir sagen,
dass ich dir verzeihe,
denn ich weiß,
dass du gar nicht weißt,
dass es solch ein Leben überhaupt gibt.

LECHZEN

In der Ruhe
liegt keine Kraft mehr,
sie hat mich eingenommen,
meinen Körper gelähmt,
meine Temperatur gesunken.

Also nichts wie raus aus dieser Enge,
damit ich wieder atmen kann,
beweglich bin,
mich wieder spüre.

Es dauert eine Weile,
bis ich mich aktiviere,
um auszubrechen,
aus meinem unsichtbaren Käfig,
doch meine Wut ist groß,
mein Wille noch stärker.

Es ist mein Recht,
meine Pflicht,
mich wieder frei zu fühlen,
um lebendig zu sein,
an die Oberfläche zu gelangen.

Ich lechze nach dem Leben,
nach meiner Identität,
meiner verbleibenden Zeit.

KRAFT DER FREUNDSCHAFT

Ich sehe, dass dich dasselbe quält
wie mich und das ist traurig
und schön zugleich, denn so kann
ich immer nachempfinden, wie es dir geht,
doch bin nicht wirklich in der Lage
dir zu helfen.

Manchmal reicht ein offenes Ohr,
noch besser sind zwei,
und dazu die Sicherheit,
dass wir nicht alleine sind
auf unserem eigenartigen Planeten.

Du und ich,
wir ziehen zusammen
durch dieses Leben,
ohne ständig beieinander zu sein.

Ich glaube, das nennt man wahre Freundschaft.

IRGENDWAS DAZWISCHEN

Mir fällt die Decke
nur beinahe auf den Kopf,
dazwischen noch ein schmaler Abstand,
der mich davon abhält,
diesen Raum zu verlassen,
mir genügend Luft lässt,
um im Stillstand zu überleben,
die Tür nicht öffnen zu müssen,
um rauszugehen.

Die Zeit vergeht,
doch es passiert nichts,
das mein Herz berührt,
mir in Erinnerung bleibt
und das schmerzt
auf eine nicht ausreichend
starke Art und Weise.

Es ist irgendwas dazwischen.
Ich hätte hier nicht rasten dürfen,
denn jetzt traue ich mich nicht
mehr zurück
und auch nicht nach vorne.

Ich bleibe hier und warte.
Irgendwann wird ein Bus anhalten,
in den ich einsteigen kann.

GEDANKEN ZUR LIEBE

Zu lieben
heißt zu wagen,
mit dem Risiko zu fallen,
doch auch mit der Wahrscheinlichkeit
von unbeschreiblichem Hochgefühl.

Wenn Liebe doch das stärkste Gefühl der Welt ist,
dann wäre es eine Schande,
sie nicht mit ganzem Leibe zu erleben.

Wer Angst vor der Liebe hat,
kostet vielleicht niemals die Essenz des Lebens.

Wer wahre Liebe erfahren will,
muss Schmerz riskieren,
bekommt dafür aber vielleicht alles,
wofür es sich lohnt zu leben.

DIE BESTEN TAGE

An manchen Tagen fällt mir gar nichts ein,
dann kann ich einfach nur sein.

Das sind die besten Tage.

HÖHEN UND TIEFEN

Ich brauche ja nicht viel,
nur mehr Realität,
Höhen und Tiefen,
nicht nur eine Ebene.

Ich schätze sie sehr,
die verschiedenen Jahreszeiten,
die Veränderung,
das atemberaubende Schauspiel,
doch derzeit verfliegen die Tage,
als wäre es nur noch Sommer.

Liebe trägt mich durch diese Zeit,
die Herzen der Menschen,
in deren Herzen ich einen Platz fand,
das Gewicht,
das mein Boot am Ufer hält.

OK

Es ist eigentlich ok,
doch es tut trotzdem weh.

Es ist nicht sichtbar
und doch ist es ständig präsent.

Es verdunkelt meinen Sonnentag,
doch nur ich kann es spüren.

Es raubt mir meine Energie
und doch lässt es mich nicht ruhen.

Es lässt mich nicht los
und doch kann ich es nicht greifen.

Es begleitet meine Nacht,
doch zwischendurch schläft es auch.

Es ist grausam
und doch gehört es zu mir.

Es wird mich nicht mehr verlassen,
doch das kann ich nicht akzeptieren.

DIE IDEE EINES MENSCHENS

Worum geht es in einem Menschenleben,
wenn es nicht mehr ums Überleben geht?

Wie erkennt man einen Sinn
in all diesem Reichtum?

Wie findet man Ordnung
in all diesem Überfluss?

Ist der Mensch überhaupt
für Luxusprobleme gemacht?

Wie viel bleibt von einem Menschen,
wenn er nur noch existiert,
um Zeit zu vertreiben?

Wo ist die Realität,
wie weit entfernt der Ursprung,
wie wahrscheinlich eine Zukunft?

BESTER FREUND

Ich habe mich dazu entschieden,
mein bester Freund zu werden.
Nach vielen Jahren auf dieser Welt
wende ich nun das Blatt,
möchte nicht mehr mein eigener Feind sein.

Ich bin müde und ausgelaugt
von all den Anstrengungen,
nicht ich selbst zu sein.

Nun ist es Zeit,
dass ich für mich da bin,
mir aufmerksam zuhöre,
mit mir Zeit verbringe,
mich dafür liebe,
wie ich bin.

Ich bin der Freund,
der für immer an meiner Seite bleibt,
mit dem ich jeden Morgen aufwache,
jeden Abend schlafen gehe,
der um all meine Geheimnisse weiß
und mich so gut kennt,
wie kein anderer.

Zwischen diese Freundschaft
kann nichts mehr treten,
sie bleibt bis zum letzten
Atemzug erhalten,
denn sie ist meine pure Basis
für ein mit Liebe erfülltes Leben.

BEINAHE

Manchmal erreichen wir das,
woran wir schon lange nicht mehr geglaubt haben,
und dann ist es schwer zu begreifen,
dass wir beinahe aufgegeben hätten.

Es treibt einem Tränen in die Augen,
steinhartes Gewicht fällt ab,
die Luft wird immer befreiender,
die Sicht endlich wieder klar.

Das ist nur geschehen,
weil wir damit aufgehört haben,
uns selbst zu bestrafen,
und den letzten Funken Hoffnung
in uns aufbewahrt haben,
um auch auf den letzten Metern
durchzuhalten.

ALTE MUSTER

Aus alten Mustern auszubrechen,
fühlt sich an,
als müsste man nun lernen,
rückwärts Rad zu fahren.

Kann man verlernen

wie leben geht?

TRAGÖDIE

Glaube mir,
es gibt keine größere Tragödie im Leben,
als sich allen begehrten Menschen anzupassen,
von jedem geliebt werden zu wollen
und sich dabei selbst zu verlieren.

Wenn ich einmal gehe,
wird es das Wichtigste sein,
das ich hinterlassen möchte:

Ein Leben ist nur dann gelebt,
wenn du dich selbst am meisten liebst.

ZEIT

Sie kann so lang sein,
viel zu kurz,
nie genau richtig.

Sie ist alles,
was wir haben,
vergessen,
missachten,
befürchten zu verlieren.

Der Druck ist so groß,
was tun mit der Zeit?

Gestern liegt schwer,
das Morgen bedrückt,
das Hier und Jetzt
quasi nicht existent.

Es ist die Vorstellung von Zeit.
Das falsche Image.
Ein Lügenmärchen.

Zeit ist da,
ob man will
oder auch nicht.

ABHÄNGIGKEIT

Worte sind mein Einatmen.
Musik ist mein Ausatmen.
Zu kreieren ist zu leben,
dies einmal zu verlieren,
wäre mein Untergang,
deshalb hoffe ich
und glaube daran,
dass dieses bunte Herz stets
parallel zum anderen schlägt.

VON TAG ZU TAG

Ich möchte keine Liebe mehr suchen,
die ich niemals finden kann.

Eine Zukunft wird mir nicht geben,
was ich in der Vergangenheit nicht bekam.

Ich kann nur versuchen,
von Tag zu Tag
kleine Lücken zu füllen,
die ich in meiner Seele spüre.

Nur ich selbst kann diesen Weg finden,
den niemand anderer für mich gehen kann.

Es liegt jetzt bei mir,
mich selbst zu heilen
und zu verzeihen.

Euch und mir
und der fehlenden Kraft,
die ich nie bekam.

RAUSCH

Ich liebe diesen Rausch
an seltenen Tagen,
wenn die ganze Energie zurückkehrt,
die man über Monate wie
ein tropfendes Fass verloren hat,
wenn die Sonne heller scheint
als Mitte Juli und es im ganzen Körper kribbelt.

Ich möchte diesen Tag einfangen,
in ein Glas füllen und mir immer wieder etwas von ihm nehmen,
wenn mir danach ist,
nichts mehr übrig ist
vom Licht in mir.

Doch es ist Zeit für mich zu lernen,
dass nichts für immer bleibt,
sowohl das, was gut tut,
als auch das, was schmerzt.

Es kommt so schnell,
wie es wieder vergeht.

So wie du,
so wie ich.

MEDITATION

Momentan möchte ich mich nicht
leicht fühlen wie eine Feder,
die durch die Luft gewirbelt wird,
sondern fest wie ein Stein,
der den Boden unter sich nicht verliert.

Ich lege mich auf den harten Untergrund
und blicke hinauf.
Weit weg ist der Himmel nun von mir.
Ja, hier unten fühle ich mich sicher.

Meine Arme,
meine Beine,
meinen ganzer Körper
nehme ich jetzt wahr,
ich hatte sie fast vergessen,
als mein Geist die Kontrolle übernahm.

Die Verbindung zu mir,
gerade erlebe ich sie mit allen Sinnen,
wenn auch nur für einen kurzen Moment,
doch was mir Hoffnung schenkt, ist,
ich kann sie rufen,
immer dann, wenn ich diese Verbindung verlier'.

FRÖHLICH

Heute bin ich federleicht,
stark wie Gestein,
strukturiert wie Holz.

Ich spüre die klare Luft
in meinen Lungen,
die sprudelnde Energie
in meiner Brust.

Es ist schon Abend,
doch ich fühle mich,
als hätte ich die Sonne
hinter den Bergen
gerade erst aufgehen gesehen.

Es hat sich nichts verändert,
nur etwas in mir drin,
sodass ich mir heute wieder begegne
und mich auch wieder erkenn'.

Es ist pur,
fröhlich,
ehrlich.
Es ruht in mir.

Es hat sich nichts verändert,
nur etwas in mir drin.

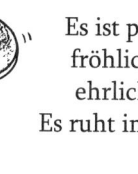

LÜCKE

Es fühlt sich so an,
als würde immer etwas fehlen
und ich wünsche mir nichts mehr,
als diese Lücke irgendwann
schließen zu können.

GEMEINSAM

Wir können nur gemeinsam sein,
wenn wir uns beide selbst genug sind.

Wie konntest du überhaupt noch
an mich glauben, als ich mich schon
längst selbst verlassen hatte?

Ich verspreche mir,
ich finde wieder zurück
zu meinem Ursprung
und dann werde ich in mir ruhen,
dir wieder neu begegnen,
um aufrichtig zu lieben.

FÜR DICH, WEIL DU SO VIEL MEHR BIST, ALS DU GLAUBST ZU SEIN

Ich danke dir vielmals
für den Schutz,
den du mir botest,
mir nach wie vor bietest,
den ich lange nicht sah
und erst spürte,
als du klein wurdest,
deine Fläche nicht mehr breit genug war,
um jegliche Stürme fernzuhalten
und seitdem weiß ich,
dass ein Felsen nur so lange stabil ist,
so lange er sich dazu entscheidet,
es zu sein.

Wenn du nicht mein Felsen wärst,
dann wäre ich schon einige Male davon geflogen,
als ich noch schwach und leicht war,
ehe du die Zeit aus mir ein stabiles Wesen formen ließest.

Nun,
wo keine Gefahr mehr droht,
dass ich bei Winden stürze,
nun, da zeigst du mir,
dass auch du zerbrechlich bist
und das nach all der ahnungslosen Zeit.

Einfach nur danke zu sagen,
das wäre zu wenig,
deshalb möchte ich,
dass du es endlich erfährst:

Du bist viel mehr
als nur ein Felsen,
du bist ein ganzer Ozean,
ein Himmel,
ein Ufer,
ein einzelnes Sandkorn
und das sollst du für immer sein:

Ein Naturspiel,
welches die Jahreszeiten wahrnimmt,
leer und voll ist,
sich dreht und wendet,
auf- und untergeht,
stets gefangen wird
von seinen Wurzeln.

Wir sind unsere Wurzeln.
Ich hoffe, dass du das weißt.

RETTUNGSBOOT

Ich sagte dir einst,
ich sei immer für dich da,
mein Leben wäre deins,
jeder Atemzug gelte dir,
doch ich war jung,
naiv und dumm,
denn ich vergaß,
dass ich nur für dich da sein kann,
wenn ich selbst stark genug bin,
nicht zu viel Kraft verliere,
meine Welt sich stabilisiert.

Nun schwankst du
auf einem sinkenden Schiff,
doch hab keine Angst,
es gibt zwei Rettungsboote.

Eines für dich
und eines für mich.

Wir retten uns selbst
und treffen uns dann
am sicheren Ufer.

REGENSCHIRM

An manchen grauen Tagen,
wenn für die anderen die Sonne scheint,
brauche ich deinen Regenschirm
und hoffe,
dass du dich nicht für mich schämst,
wenn wir gemeinsam durch
die sonnenverwöhnte Menge spazieren.

VASE

Derzeit zerfalle ich
in einzelne Stücke.

Wenn ich irgendwann so weit bin
und die einzelnen Scherben wieder
zu einem vollständigen Bild zusammenfüge,
lasse ich mit Gewissheit
einige Teile auf dem Boden liegen.

PHYSISCHER STILLSTAND

Es ist so anstrengend nichts zu tun,
wenn ich sitze, liege,
mich im physischen Stillstand befinde,
wird es in mir immer lauter,
unruhiger, unübersichtlicher,
ja, das reine Chaos bricht aus.

Es ist so schwer einfach nichts zu tun,
wenn ich mich nicht ablenke,
sondern wirklich zuhören muss,
so vielen sich kreuzenden Geschichten,
die ich nicht einmal verstehe
und mich frage, wer da eigentlich
zu mir spricht und wieso es nicht
zumindest für eine Minute still sein kann?

NETT SEIN

Ich habe keine Angst mehr davor,
nett zu sein.

Es ist keine Schwäche,
keine Naivität,
es ist ein Stück Leben,
das du verschenkst,
ein Moment von innerem Frieden,
den wir alle gebrauchen können.

NEUE KINDHEIT

So alt wie jetzt,
war ich noch nie
und trotzdem fühle ich mich
jünger und kleiner
als je zuvor.

Ich kann mich nicht entscheiden,
wie es sich wirklich anfühlt,
wieder wie ein Kind zu sein,
nach Schutz zu suchen
und dabei so zerbrechlich zu sein.

Die Eierschale um mich herum,
ich breche sie auf,
Stück für Stück,
bis ich dazu bereit bin,
dieser Welt zu begegnen,
neu zu erlernen,
wie man es richtig tut:
Erwachsensein.

AUSNAHMESITUATION

Immerhin weiß ich, dass ich
derzeit nicht ich selbst bin,
doch deshalb kann ich mich nicht
der Welt entziehen und alles
zurücklassen, was ich mir zuvor
aufgebaut habe, und verpassen,
was sich mir für Gelegenheiten bieten,
nur weil mein Geist in eine andere Richtung geht,
als ich es geplant hatte.

Irgendwann wird alles wieder so sein,
wie es sich gehört für ein gesundes Herz,
und dann möchte ich nicht in Scherben aufwachen,
schon erschöpft sein,
bevor ich überhaupt angefangen habe,
erneut mit diesem Leben zu starten.

Ich brauche diese Hoffnung,
diesen Glauben daran,
dass alles wieder so werden kann,
wie in jener Zeit, an die ich mich,
im Gegensatz zu dunkleren Zeiten,
lückenlos erinnern kann.

MEIN MANGEL

Da liegt so viel Fokus auf mir,
man könnte meinen,
meine Welt dreht sich nur noch um mich,
und vielleicht denkt ihr nun,
dass ich ein Egoist bin,
der sich nur um sich selbst kümmert,
gar niemand anderen sieht,
doch ihr müsst verstehen,
dass da ein großer Mangel herrscht,
den ich nun wieder auffüllen muss,
um voll und ganz bei euch zu sein.

BLEIBEN

Ich hoffe,
dass sich da noch jemand
anderes in mir verbirgt,
auf den ich zurückgreifen kann,
wenn ich das traurige Kind in mir
zurückgelassen habe,
das ich nicht mehr länger sein möchte.

Es nimmt mich so sehr ein,
dass ich mir kaum vorstellen kann,
dass etwas anderes noch Platz hat.
Doch wenn dem so sein sollte,
dann kann ich verstehen,
dass ich es bisher so selten sah.

Ich bin weiter gezogen
und doch stecke ich tief fest.
Ich habe es lange Zeit nicht gemerkt,
erst als ich zu Boden sah
und feststellen musste,
dass ich noch immer dort stehe,
wo ich losgegangen bin.

Kräftezehrend ist dieser Weg gewiss
und doch muss ich ihn gehen,
um überhaupt irgendwo anzukommen,
wo ich auch bleiben möchte.

MEIN KÖRPER

Ich habe meinen Körper nie gehasst.
Ich habe ihn einfach nie beachtet,
eiskalt ignoriert,
nur wahrgenommen,
wenn ich in den Spiegel sah
und vielleicht ist das ja die grausamste Form von Hass,
die ich habe empfinden können.

Nun habe ich verstanden,
wie wichtig mein Körper doch ist,
dass ich durch ihn sowohl Schmerz
als auch Wohlbefinden spüren kann,
dass er mir zeigt,
wo meine Grenzen sind,
und mir ebenfalls aufzeigt,
wenn ich innerliche Wunden habe.

Ich bin ihm so dankbar,
dass er mich durch das Leben trägt,
alles erleben lässt,
was ich erleben will,
dass er nicht perfekt ist
und somit zu mir gehört.

BITTE

Bitte, lass mich immer etwas Hoffnung
in mir tragen, die mich tapfer sein lässt,
selbst in den dunkelsten Tagen,
die mich füttert und pflegt,
selbst dann bei mir bleibt,
wenn alle anderen gehen.

Bitte, lass mir immer ein wenig Kraft,
wenn mein Herz nur noch langsam schlägt,
doch meine Seele noch so viel zu sagen hat,
die mich führt und befreit,
mich aufrecht hält
in jener schwachen Zeit.

Bitte, lass mir immer genügend Liebe
in meinem Herzen, die mich versorgt,
selbst bei den allerschlimmsten Schmerzen,
die mich bemuttert und bewegt,
auch wenn es niemand anderes tut,
immer zu mir steht.

Bitte, lass mir immer ein Stück Glauben
in meiner Seele, das mich erinnert,
wenn ich mich selbst so sehr quäle,
das mich trägt und motiviert,
auch wenn der Mond ganz oben steht,
es weiterhin zu probieren.

AN GUTEN TAGEN

An guten Tagen habe ich Angst,
dass das nicht für immer bleibt.

Und das ist mein Problem.

Wenn dein Glas halbvoll ist,
ist meines schon zerbrochen.

ILLUSIONEN VON LIEBE

Als Kind habe ich davon geträumt,
dass die Liebe, die ich eines Tages
erfahre, mich rettet und ich für immer
geheilt sein werde.

Es war hart, als ich erfuhr,
dass selbst die größte Liebe
so etwas nicht für mich tun kann.

Dann dachte ich nach.

Ein Jahr verging.

Mittlerweile ist es eine halbe Ewigkeit.

Ich habe der Liebe die Last
von den Schultern genommen,
sie leicht und zugänglich gemacht.

Sie ist nun sanfter zu mir,
schaut mir aufrichtig in die Augen.

Ich verlange nichts mehr,
was ich nicht auch selbst für mich tun kann.

Vielleicht nennt man das Selbstliebe.

MAGISCHER ORT

Es gibt diesen magischen Ort,
immer wenn ich die Augen schließe
und mich dazu entscheide,
dorthin zu reisen,
dann höre ich die Wellen rauschen,
spüre die leichte Brise auf meiner Haut,
werde eins mit dem Meer,
mit der Natur.

Die Sonne scheint über mir,
um mich herum nur Frieden,
der mich mit Wärme erfüllt.

Ich kann so weit fliegen,
wie ich möchte,
oder auch einfach
in diesem Zimmer bleiben.

Mein magischer Ort
existiert solange ich lebe
und vielleicht auch noch danach.

KÄNGURUBABY

Ich trage dich
wie ein Kängurubaby
ganz nah bei mir,
gebe dir Schutz,
Sicherheit
und Wärme.

Gemeinsam bereisen wir die Welt,
sehen uns Naturspektakel an,
schlafen unter dem leuchtenden
Sternenhimmel,
erzählen uns Geschichten,
oder schweigen friedlich.

Es ist eine Illusion,
doch es ist eine schöne,
die mich rührt,
mich Liebe spüren lässt,
die auch da ist,
wenn man nichts dafür tut.

Bedingungslos,
einfach nur so,
weil wahre Liebe so
funktionieren kann
und ich denke,
dass ich sie verdiene.

LEERES BLATT

Ich habe mich aufgegeben,
verleugnet, wer ich bin,
nicht mehr darauf gehört,
was ich zu sagen habe
und das alles in der Hoffnung,
endlich ideal zu sein,
für dich und alle anderen.

Ich glaubte,
dass wenn ich ein leeres Blatt sei,
welches ständig neu beschrieben werden könne,
ich in jedes beliebige Buch passen würde,
dadurch keine Qualen und Schmerzen
mehr ertragen müsse.

Erst kürzlich fiel mir auf,
dass, als alle Seiten gefüllt waren,
ich so bitterlich einsam und verlassen war,
wie nie zuvor,
dass ich niemanden mehr hatte,
weil ich niemand mehr war.

MANTRA

Sei nicht so hart zu dir selbst.

Du bist genauso wichtig
wie die anderen Menschen
in deinem Leben.

Du bist deine Basis,
kümmere dich gut darum,
dass es dir gut geht,
und wenn es dir mal schlecht geht,
dann sei einfach für dich da.

Liebe dich selbst genauso aufrichtig,
wie du andere liebst.

Du hast es verdient.

WANDEL

Nur wer versteht,
dass jede Jahreszeit vergeht,
dass sie immer wiederkehrt,
doch nie dieselbe ist,
und dass dies das Jahr so
berauschend vielseitig stimmt,
uns Sicherheit schenkt und doch
immer wieder aufs Neue überrascht,
der weiß tief im Inneren,
dass Veränderung
der Sinn dieses Lebens ist.

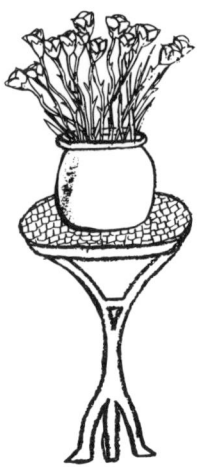

KARTENHAUS

Ich denke so viel an alles
und so wenig an mich selbst.

Es ist wie ein Kartenhaus,
das irgendwann zusammen fällt.

Weht der Wind einmal stark,
dann wird es passieren,
meine Mauern werden fallen,
ich werde meinen Schutz verlieren.

Bisher kann ich nur davon träumen,
mich stärken durch eine Illusion,
bin ich dann, wer ich bin,
ziehen alle bösen Geister davon.

Es ist ein Gefühl,
viel mehr als Wissen,
dass wenn ich mich befreie,
werde ich nichts mehr vermissen.

WIE DER MENSCH FUNKTIONIERT

Ich brauche dich
und du brauchst mich.

Wenn du mich nicht brauchst,
dann brauchst du jemand anderen
und wenn ich dich nicht erreichen kann,
dann brauche ich jemand anderen.

Jeder Mensch braucht andere Menschen,
um ein vollständiger Mensch zu sein.

HEUTE WÄRE JETZT

Ich verpasse all die Tages meines Lebens,
wenn ich heute nur an morgen denke.

Ich vergesse den Duft einer jeden Blumenart,
wenn ich abwesend durch den Park schwebe.

Kein Berg schenkt mir seinen Ausblick,
wenn ich mich hinter meiner Linse verstecke.

Jegliche Zeilen ziehen an meinem Herzen vorbei,
wenn ich lese, ohne zuzuhören.

Sag mir,
wie schnell kann ein Leben sein,
wenn man es vorbeiziehen lässt?

ZURÜCK ZU MIR

Du findest mich dort,
wo ich gesessen habe,
als wir uns begegnet sind.

Ich bin noch nicht dort,
doch begebe mich
auf dem Weg dahin.

Diese Reise scheint mir
unendlich lang, denn
ich bin in den letzten Jahren
viele Umwege gegangen.

Die Umgebung hat sich
so sehr verändert.

Die Berge scheinen höher,
das Gewässer tiefer,
der Himmel weiter.

Ich hoffe, dass ich den
Weg trotzdem noch finde,
der mich zu dem Ort führt,
an dem du und ich mich
am meisten geliebt haben.

FÜHLEN

Es ist mehr,
als nur mein jetziges Ich,
es ist tief verankert,
dass man als Mensch fühlen muss,
nicht nur die Theorie reicht,
um wirklich bei sich zu sein.

Lange Zeit dachte ich,
es sei falsch,
sich zutiefst nach Nähe zu sehnen,
gehalten und behütet werden zu wollen
und dann nur noch zu empfinden.

Nun weiß ich,
es war und ist mein persönliches Recht.

FALL

Jetzt falle ich schon so lange,
ich falle,
falle und falle,
dass ich nicht mal mehr auf den Boden warte,
viel mehr den Wind genieße,
denn mein Tempo kann nur die Natur bestimmen
und bis ich irgendwann lande,
erfüllt es mich mit Vorfreude,
dann eines Tages
sicherer als je zuvor zu sein.

DIENER

Ich bin ein Diener
der Menschheit
meines immer
kleiner werdenden
Universums.

Ich möchte so gerne
ein eigenes Leben führen,
doch vielleicht bin ich
schon zu alt?

Ich habe nie gelernt,
für mich da zu sein.

Meine Hände sind
eiskalt, meine Gedanken
zerstreut.

In meinen Augen sieht
man vieles, nur kein Licht.

Was passiert mit mir,
wenn ich nicht mehr dienen kann?

EIN GEDICHT AUS LAURAS TRAUM

Spiel leise,
obwohl die Welt um dich herum laut ist.

Spiel langsam,
obwohl die Zeit um dich so schnell vergeht.

Spiel traurig,
obwohl alle etwas Fröhliches erwarten.

Spiel wie du dich fühlst;
denn dort finden sich die meisten wieder.

—

(Diese Zeilen stammen aus einem Traum meiner Schwester Laura,
die mir erzählte, dass ich dort dieses Gedicht geschrieben hätte)

EBBE UND FLUT

Könnte ich über mein Empfinden
entscheiden, so wählte ich immer
die Flut, niemals mehr die Ebbe.

Wie verloren es doch war,
mein Herz
am einsamsten Strand der Welt.

FEHLENDE LIEBE

Ich weiß nicht,
was größer ist,
der Schmerz,
der an meinem Herzen zehrt,
oder die Lücke,
die diese fehlende Liebe hinterlässt?

Man möge sich vorstellen,
wie es nun aussieht,
in meiner Brust.
Eine Seite ist voll,
die andere leer.

Dass ich nicht umfalle,
grenzt an ein Wunder.

Ich muss traurig aussehen,
während ich bettel,
armselig und klein,
in deinen Augen.

Keine Liebe ist falsch,
doch meist richtet sie Schäden an,
wenn es einen gibt,
der nicht lieben kann.

BAUSTELLE

Zurückblickend ist jeder so,
wie er ist,
ehe er sich verändert,
weil er gefallen will,
um festzustellen,
dass dies der falsche Weg ist,
wieder zurückfindet zu dem,
was sich richtig anfühlt
und sein Leben neu sortieren muss,
welches aufgebaut ist auf alten Systemen.

Dann kann man sich entscheiden,
ob man einfach nur anbaut,
oder doch gleich besser abreißt
um anschließend nach den eigenen
Vorstellungen neu zu bauen.

Es ist dasselbe Grundstück,
doch es ist ein anderes Haus.

BATTERIE

Es tut mir leid,
dass ich nicht immer da bin,
dass ich so oft verloren bin
in meinen rastlosen Gedanken,
dass ich keine Ruhe finde
und trotzdem nur still dasitze,
dass ich mich nicht konzentrieren kann,
nicht schlafen kann,
nicht anwesend bin.

Es tut mir leid,
dass ich nur manchmal
Hoffnung finde,
nur selten glaube,
so wenig lache,
so wenig weine.

Es tut mir leid,
dass du mich so siehst
und mich nicht verstehst.
Ich meine es wirklich ernst,
doch noch mehr tu ich mir
selbst leid und diese Errungenschaft
ist der Beginn
meines Weges zur Normalität.

Ich verspreche es dir,
ich verspreche es mir.

Ich laufe auf den letzten
Metern meiner Batterie,
doch ich weiß,
dass da immer noch was geht.

MUTTER, VATER, KIND

Halt mich fest in meinen Armen,
versorge mich mit Sicherheit,
lass mich in mir ruhen,
friedlich atmen.

Ich bin meine Mutter,
mein Vater,
mein Kind.

Ich wärme mich
mit vollem Herzen,
tiefer Geborgenheit,
festem Vertrauen.

Ich bin mein Verstand,
mein Körper,
meine Erinnerung.

Ich lege die Welt
in meine Hände,
trage sie sicher,
bleibe sanft.

Ich bin mein Hafen,
meine Welle,
mein feiner Sand.

DAMENHUT

Kein Wunder,
dass mir keiner dieser Hüte passt,
bei all den Gedanken,
die in meinem Kopf herumschwirren.

Ich bin ein kleiner Mensch,
mit kleinem Körper,
einem kleinen Gesicht.

Doch geht es um das Schwergewicht
auf meinem Hals -
da steckt mein ganzer Inhalt drin.

DEIN AUSSEHEN

Mir ist egal,
wie du aussiehst,
ob du groß oder klein,
dick oder dünn bist,
ob du graue Haare hast
oder auch keine,
ob du alt oder jung bist,
denn ich sehe sowieso nur eines,
wenn ich dich betrachte:

Deine unbeschreiblich schöne
Seele, die durch deine Augen leuchtet,
und allein deshalb bist du einzigartig
und wundervoll anzusehen.

KEINE DIESER SPRACHEN

Es bringt ja nichts,
wenn du für mich suchst,
was nur ich selbst finden kann.

Ich schaue überall,
frage an verschiedenen Stellen nach,
niemand kann mir etwas verraten,
ich verstehe keine dieser Sprachen.

Es ist ein Wunder,
dass wir alles,
was wir jemals brauchen,
bereits in uns tragen
und es doch ab und zu
verloren geht.

FERNLIEBE

Manchmal reise ich zehntausende
Kilometer weit, um dir aus der Ferne
wieder nahe zu sein
und diese betäubende Distanz abzubauen,
die da ist, wenn du tatsächlich
bei mir bist.

Ein Anruf reicht
und ich höre die Stimme,
die ich in Erinnerung habe,
fühle die Worte,
nach denen ich mich gesehnt habe.

Es reicht mir zu wissen,
dass es noch da ist,
dass ich es abrufen kann,
dass es mir erhalten bleibt,
wenn ich weit genug weg bin,
um diese Mauer um dich herum
zu überwinden.

Es ist geworden,
wie es begonnen hat.

Eine Verbindung,
die ihren Abstand braucht,
um zu funktionieren.

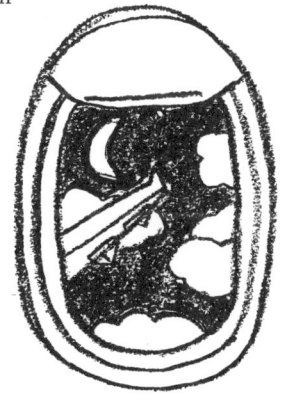

EIN BRIEF FÜR DICH

Neulich habe ich mich gefragt,
wie es dazu kam,
dass ich mein Herz
in deinem schlagen höre.

Ich fragte mich,
wie deine Augen es schaffen
mit den unzähligen Sternen am
Himmel mitzuhalten.

Dann ging ich die Straße entlang,
immer noch ohne Antworten,
als bereits die nächsten Fragen
in meine Gedanken traten:

Weißt du eigentlich,
was du für mich bedeutest?
Dass du viel mehr bist,
als nur ein Jemand?
Kannst du verstehen,
was ich empfinde,
wenn ich dich als meine
Insel vor Augen habe,
auf der ich immer wieder
stranden kann?

Hier ist ein Brief für dich.
Nimm ihn.
Lies ihn nicht als Geschichte,
sondern glaube jedes Wort.

Du bist,
du warst,
du wirst es immer sein.

EIN MOMENT VON STILLE

Ich bin ja nur so leise,
weil dieser quälende Lärm
um uns herum
mich nicht zu Wort kommen lässt.

Ich möchte so vieles sagen,
doch kommt ein Moment von Stille,
sind meine Gedanken schon weitergezogen.

BUNTE FARBEN

Die schwarze Farbe ist leer.
Dieses Mal werde ich sie nicht nachfüllen.
All die bunten Farben warten schon
so lange in der Reserve, wurden für
meine Bilder und Geschichten bislang
kaum verwendet.

Doch jetzt ist es Zeit für eine bunte Zukunft.
Ich habe nichts zu verlieren.
Ich denke, ich kann auch ohne schwarze
Farbe leben, ja, vielleicht zum ersten Mal
seit langer Zeit wieder leben.

Ab sofort arbeite ich mit dem Regenbogen
hinter den schwarzen Wolken.

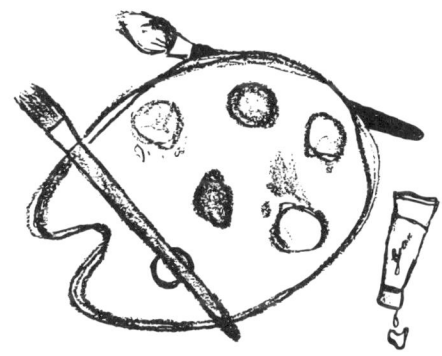

BLEIB BEI MIR

Heute habe ich die Person gesehen,
die ich vor Jahren verloren habe.
Ich habe sie angeschaut
und das Gefühl war wieder da.
Mein Herz war so warm,
wie schon lange nicht mehr.
So viel Hoffnung habe ich
seit Ewigkeiten nicht mehr gefühlt.

Es war wie früher
und ich weiß nicht,
wie ich das finden soll.
Besteht die Chance,
dass es wieder so werden kann,
wie es früher einmal war?

Ich weiß,
alles verändert sich mit der Zeit.
Jeden Moment gibt es nur ein
einziges Mal und das ist okay,
doch ich möchte kämpfen, jetzt,
wo ich die Person wiedergefunden habe,
die ich schmerzlichst vermisst hatte.

Ich greife nach ihr,
schließe die Augen,
fühle mich wohl und sicher.
„Bleib bei mir!", flüstere ich
und meine es auch so,
als ich in den Spiegel sehe
und es kaum fassen kann.

WESPENNEST

Dieses verdammte Wespennest in mir,
lässt sich einfach nicht entfernen,
es ist wild und terrorisiert mich,
raubt mir meinen Frieden,
lässt mich niemals ruhen,
selbst dann nicht,
wenn ich Honig trinke.

Es lässt meinen Körper wild zucken,
auf eine unangenehme Art und Weise,
ich würde gerne laut schreien,
schimpfen und sie vertreiben,
doch sie hören mich ohnehin nicht,
diese Milliarden von ungebetenen Wespen,
die in mir leben.

EIN ZIEL, EIN SINN

Das Schlimmste,
das einem Menschen
widerfahren kann, ist wohl,
dass er aufwacht
und kein Ziel mehr hat,
dass er nur noch läuft,
aber gar nicht mehr weiß, wohin,
dass er sich ständig nach etwas sehnt,
doch nicht mehr weiß, wonach.

Wenn dann alles Gute
nie genug sein kann
und rein gar nichts
mehr einen Sinn ergibt.

Das Beste,
das einem solchen Menschen dann
widerfahren kann, ist wohl,
dass er irgendwann durch Zufall
in seinem Herzen nachsieht
und erkundet, nach welchem
neuen Ziel er sich orientieren kann,
damit nach der elendig langen Reise
endlich selige Ruhe einkehrt.

ELASTISCH

Ein Mensch ist nicht aus Stein,
nein, er ist elastisch.

Wenn er sich also verbiegt,
krumm und schief,
- möge es auch öfter passieren -
so findet er zu jeder Zeit
in seine gewünschte Form zurück.

ES GEHT WIEDER AUF UND AB

Ich gehe durch den Schmerz
mit der Gewissheit,
bei der Freude anzukommen.

Es ist ein Weg
mit einem Anfang
und einem Ende.

Es ist klar,
es ist real
und das ist alles,
was ich wollte:

Frieren,
wenn es kalt ist,
und auftauen,
wenn die Sonne scheint.

ZEITREISE

Manchmal lohnt sich die
Reise in die Vergangenheit,
um einen neuen Weg in
eine schönere Zukunft zu finden.

DANKE

Danke an alle, die mit mir fühlen, die sich darauf einlassen, einen Blick in ihre Seele zu wagen und sich nicht davor fürchten, ihr Herz zu spüren, auch wenn es schmerzt. Das Leben ist nicht immer leicht. Oft ist es sogar ziemlich schwer und doch tun wir leider meist so, als ginge es uns stets gut, um andere nicht zu belasten oder um nicht verletzt zu werden.

Ich habe gelernt, dass man Sorgen und Gefühle nicht einfach verdrängen kann, dass sie bleiben, auch wenn man hart dagegen ankämpft, dass sie immer wieder aufkommen und mit der Ignoranz immer stärker und stärker werden, bis sie irgendwann nicht nur die Seele, sondern auch den Körper befallen.

Deshalb ist es so wichtig, dass wir uns mitteilen, dass wir miteinander sprechen, dass wir malen, singen, tanzen, schreiben - uns irgendwie ausdrücken. Wir sollten keine Angst mehr haben, auch mal schwach zu sein. Schwäche zu zeigen, ist sogar eine große Stärke, die die wenigsten von uns beherrschen.

Seien wir ein Vorbild für andere, indem wir unsere Seelen und Herzen öffnen und uns gegenseitig damit heilen. Lasst uns immer Liebe in uns tragen, die uns durch das Leben führt, auch wenn wir ab und zu gar nicht wissen, auf welches Ziel wir gerade hinsteuern. Ich glaube an die unvergleichbare Kraft von Liebe. Sie ist reine Medizin. Sie ist der Sinn des Lebens.

Danke dafür, dass ihr mir vertraut und euch auf eine besondere Verbindung einlasst. Es ist ausgesprochen schön, dass es euch gibt!

„Vielleicht ist Freiheit viel mehr
Kleines als ein großes Ganzes."

ÜBER DIE AUTORIN

Clara Louise ist 1992 in Lahnstein in Deutschland geboren und aufgewachsen. Bis sie 16 Jahre alt ist, besucht sie ein Gymnasium und beschließt dann der Liebe wegen ins österreichische Salzburg zu ziehen. Dort arbeitet sie als Texterin und Musikerin.

„Ich habe mit 13 Jahren begonnen, Gedichte zu schreiben. Damals und heute, um Gedanken loszuwerden, die ich nicht aussprechen kann. Für mich ist das Schreiben eine Art Befreiung und es berührt mich oft sehr, wenn sich andere Menschen damit identifizieren können. Diese Erlebnisse sind beim Schreiben und in der Musik für mich die wertvollsten und haben mich schlussendlich dazu gebracht, meine Bücher zu veröffentlichen", so Clara Louise.

Aufgewachsen als mittleres Kind von insgesamt drei Kindern, erlebt Clara ihre Kindheit vor allem als kunstinteressiert. Sie spielt Geige, tanzt Ballett, schreibt Gedichte, zeichnet, singt und schreibt ihre ersten Lieder. Stets mit dem Bedürfnis, sich mit Worten auszudrücken und zwischen Melodien zu finden. Neben den Texten, die mal schwer, mal leicht sind, dabei stets zum Träumen anregen, sind die Seiten mit Illustrationen der Mittzwanzigerin gefüllt. Schon als Kind hat Clara Louise das Schreiben, Zeichnen und Musizieren geliebt.

Ihr erster Gedichtband „Von verlassenen Träumen & einem leichteren Morgen" fand bereits viel Anklang. Neben dem Schreiben ist Clara Louise auch als Singer-Songwriterin tätig und verbindet bei ihren Live-Terminen die Poesie mit ihren deutschsprachigen Liedern. Vorgetragen werden beispielsweise Stücke aus dem Album, „Wenn man nichts mehr vermisst". Leise, gefühlvoll und authentisch.

FAZ: *„Das macht Album Nummer drei, „Wenn man nichts mehr vermisst", dann auch so überzeugend: Reduzierte akustische Arrangements (…)"*

Jolie: *„Schon der Titel von Clara Louises Büchlein Von verlassenen Träumen & einem leichteren Morgen ist fast ein Gedicht. Schön!"*

Die Presse: *„Instagram teilt auch Gedichte. Die Wahl-Salzburgerin präsentiert ein neues Album - und ihren ersten Lyrikband. Das Publikum ist verwundert. Und angetan."*

Woman: *„Poetry Slam, aber gesungen: Die Texte von Clara Louise (26) sind Gedichte mit Musik. Zeilen, die Freiraum lassen, um sich selbst zu verlieren und wiederzufinden."*

Weitere Infos auf:
www.claralouise.de